The Mermaid: Short Stories in Norwegian for Beginners

Artici Bilingual Books

Published by Artici Bilingual Books, 2024.

THE MERMAID: SHORT STORIES IN NORWEGIAN FOR BEGINNERS

First edition. April 25, 2024.

Copyright © 2024 Artici Bilingual Books.

ISBN: 979-8224525850

Written by Artici Bilingual Books.

Table of Contents

I en liten landsby som lå ved fjordene i Norge, bodde det en ung jente ved navn Ava. Hun hadde hår som den midnattsblå himmelen og øyne så blå som havet. Ava tilbrakte dagene sine med å vandre i skogene, puste inn den friske luften og lytte til vinden sin melodi.

En sommermorgen bestemte Ava seg for å legge ut på et eventyr. Hun pakket litt mat i en kurv og bega seg inn i skogen. Trærne hvisket hemmeligheter til henne mens hun gikk, grenene deres svaide forsiktig i brisen.

Mens Ava vandret dypere inn i skogen, snublet hun over en skjult glen badet i gylden solskinn. I midten av glenen sto en majestetisk foss, med vannet som kaskader ned i en krystallklar dam under.

Ava smilte og dyppet tærne i det kjølige vannet. Hun lukket øynene og lot lyden av fossen skylle over henne. For et øyeblikk følte hun at hun var den eneste personen i verden.

Men så hørte hun en rasling i buskene. Ava åpnet øynene for å se en rev dukke opp fra underskogen. Pelsen dens var fargen på høstblader, og øynene dens gnistret av nysgjerrighet.

Ava strakte ut hånden, og reven nærmet seg forsiktig. Hun kunne føle den varme pusten mot huden sin mens den snuste på hånden hennes. Så, med et lekent bjeff, sprang reven av gårde inn i skogen.

Ava lo og så på som reven forsvant inn i trærne. Hun visste at hun aldri ville glemme dette øyeblikket, denne flyktige møtet med et vilt dyr i skogens hjerte.

Da solen begynte å gå ned, samlet Ava tingene sine og begynte å gå hjemover. Skogen virket annerledes nå, på en måte mer levende, som om den inneholdt tusen hemmeligheter som bare ventet på å bli oppdaget.

Da Ava kom tilbake til landsbyen, fant hun familien sin samlet rundt middagsbordet. De ønsket henne velkommen med åpne armer og lyttet oppmerksomt mens hun fortalte om sitt eventyr i skogen.

Mens hun snakket, kunne ikke Ava la være å føle seg takknemlig for livets enkle gleder i Norge. Skjønnheten i den naturlige verden, varmen fra familien hennes, og følelsen av tilhørighet som kom fra å leve i et tett samfunn.

Og mens hun drev av gårde til søvn den natten, drømte Ava om flere eventyr som skulle komme.

Ava

In a small village nestled by the fjords of Norway, there lived a young girl named Ava. She had hair like the midnight sky and eyes as blue as the ocean. Ava spent her days roaming the forests, breathing in the crisp air and listening to the melody of the wind.

One summer morning, Ava decided to embark on an adventure. She packed some food in a basket and set off into the woods. The trees whispered secrets to her as she walked, their branches swaying gently in the breeze.

As Ava wandered deeper into the forest, she stumbled upon a hidden glen bathed in golden sunlight. In the center of the glen stood a majestic waterfall, its waters cascading down into a crystal-clear pool below.

Ava smiled and dipped her toes into the cool water. She closed her eyes and let the sound of the waterfall wash over her. For a moment, she felt like she was the only person in the world.

But then, she heard a rustling in the bushes. Ava opened her eyes to see a fox emerge from the undergrowth. Its fur was the color of autumn leaves, and its eyes sparkled with curiosity.

Ava held out her hand, and the fox approached cautiously. She could feel its warm breath against her skin as it sniffed her hand. Then, with a playful yip, the fox darted off into the forest.

Ava laughed and watched as the fox disappeared into the trees. She knew that she would never forget this moment, this fleeting encounter with a wild creature in the heart of the forest.

As the sun began to set, Ava gathered her things and made her way back home. The forest seemed different now, somehow more alive, as if it held a thousand secrets just waiting to be discovered.

When Ava returned to the village, she found her family gathered around the dinner table. They welcomed her with open arms and listened intently as she recounted her adventure in the forest.

As she spoke, Ava couldn't help but feel grateful for the simple joys of life in Norway. The beauty of the natural world, the warmth of her family, and the sense of belonging that came from living in a close-knit community.

And as she drifted off to sleep that night, Ava dreamed of more adventures to come.

Oslo

I Oslo er himmelen vid og luften frisk. Byen er som et maleri, med fargerike bygninger som ligger langs gatene og båter som vugger i havnen. Folk går med formål, deres skritt ekkoende på brosteinsfortauene.

I hjertet av Oslo står Slottet, dets hvite vegger glinsende i sollyset. Turister samles på torget, knipser bilder og undrer seg over bygningens storhet.

Men midt i byens virvar og røre, er det en roligere side av Oslo. Det er her, i de skjulte krokene og smale smugene, at byens virkelige ånd kan bli funnet.

Et slikt sted er en liten kafé gjemt bort på en sidegate. Inne, fylles luften av duften av nylig brygget kaffe, blandet med lyden av dempet jazzmusikk som spilles i bakgrunnen.

Ved et bord ved vinduet sitter en ung kvinne ved navn Ingrid. Hun er fordypt i tankene, fingrene hennes følger mønstre på overflaten av kaffekoppen hennes. Ingrid er en drømmer, med et hjerte fullt av reiselyst og lengsel etter eventyr.

Mens hun nipper til kaffen sin, ser Ingrid ut på gaten nedenfor. Hun ser på folk som skynder seg forbi, ansiktene deres skjult av skjerf og hatter. Hver enkelt ser ut til å ha en historie, et hemmelig liv skjult under overflaten.

Men Ingrids tanker blir avbrutt av ankomsten til en fremmed ved bordet hennes. Han er høy og kjekk, med øyne som glitrer som havet.

"Har du noe imot om jeg slår meg ned?" spør han, stemmen hans lav og jevn.

Ingrid nøler et øyeblikk, så nikker hun. Det er noe med denne mannen som pirrer nysgjerrigheten hennes, en følelse av mysterium som trekker henne inn.

De snakker i timevis, deler historier om deres reiser og drømmer for fremtiden. Ingrid får vite at hans navn er Henrik, og at han er en sjømann som har reist til de fjerneste delene av kloden.

Mens ettermiddagen går over til kveld, bestemmer de seg for å utforske byen sammen. De vandrer gjennom Oslos gater, hånd i hånd, ler og prater mens de går.

Til slutt befinner de seg ved kanten av havnen, ser på solen som går ned bak fjellene. Himmelen er malt i nyanser av rosa og gull, som reflekteres i de rolige vannene nedenfor.

Ingrid snur seg mot Henrik, hjertet hennes dunker i brystet. Hun vet at dette bare er begynnelsen på deres eventyr sammen, det første kapittelet i en historie som ennå ikke er skrevet.

Og mens de står der, ser på solen som synker under horisonten, vet Ingrid at hun har funnet noe spesielt i Oslo. Noe verdt å holde fast ved, uansett hvor livet måtte føre henne.

Oslo

In Oslo, the sky is wide and the air is crisp. The city is like a painting, with colorful buildings lining the streets and boats bobbing in the harbor. People walk with purpose, their footsteps echoing on the cobblestone sidewalks.

At the heart of Oslo stands the Royal Palace, its white walls gleaming in the sunlight. Tourists gather in the square, snapping photos and marveling at the grandeur of the building.

But amidst the hustle and bustle of the city, there is a quieter side to Oslo. It is here, in the hidden corners and narrow alleyways, that the true spirit of the city can be found.

One such place is a small café tucked away on a side street. Inside, the aroma of freshly brewed coffee fills the air, mingling with the sound of soft jazz music playing in the background.

At a table by the window sits a young woman named Ingrid. She is lost in thought, her fingers tracing patterns on the surface of her coffee cup. Ingrid is a dreamer, with a heart full of wanderlust and a longing for adventure.

As she sips her coffee, Ingrid gazes out at the street below. She watches as people hurry past, their faces obscured by scarves and hats. Each one seems to have a story, a secret life hidden beneath the surface.

But Ingrid's thoughts are interrupted by the arrival of a stranger at her table. He is tall and handsome, with eyes that sparkle like the sea.

"Mind if I join you?" he asks, his voice low and smooth.

Ingrid hesitates for a moment, then nods. There is something about this man that intrigues her, a sense of mystery that draws her in.

They talk for hours, sharing stories of their travels and dreams for the future. Ingrid learns that his name is Henrik, and that he is a sailor who has traveled to the farthest reaches of the globe.

As the afternoon turns to evening, they decide to explore the city together. They wander through the streets of Oslo, hand in hand, laughing and talking as they go.

Eventually, they find themselves at the edge of the harbor, watching as the sun sets behind the mountains. The sky is painted in shades of pink and gold, reflecting off the calm waters below.

Ingrid turns to Henrik, her heart pounding in her chest. She knows that this is just the beginning of their adventure together, the first chapter in a story that is yet to be written.

And as they stand there, watching the sun sink below the horizon, Ingrid knows that she has found something special in Oslo. Something worth holding onto, no matter where life may take her.

Fuglen

I en sjarmerende landsby som lå gjemt blant de mektige fjordene i Norge, bodde det en ung jente ved navn Liv. Hun hadde en mild ånd og en kjærlighet for alle skapninger, store og små. Hver morgen våknet Liv til lyden av fuglesang som ekkoet gjennom dalen.

En frisk høstdag, mens Liv plukket bær i skogen, snublet hun over en skadet fugl. Fjærene dens var forstyrret, og vingen var bøyd i en unaturlig vinkel. Fuglen kvitret svakt, med øynene som ba om hjelp.

Uten å nøle, løftet Liv opp fuglen og vugget den i hendene sine. Hun kunne føle det lille hjertet som banket raskt mot håndflaten hennes. Med forsiktige fingre undersøkte hun vingen, på jakt etter tegn til skade.

Mens hun jobbet, så fuglen opp på Liv med øyne fulle av tillit. Det virket som om den forsto at hun prøvde å hjelpe. Med et stille sukk hvisket Liv trøstende ord, i håp om å lindre fuglens smerte.

Nøye laget Liv en skjære til fuglens vinge ved hjelp av kvister og blader. Hun visste at det ikke var mye, men det var det beste hun kunne gjøre. Mens hun arbeidet, sang hun en vuggevise hun hadde lært av bestemoren sin, en melodi så gammel som fjellene selv.

I dager pleiet Liv fuglen tilbake til helse, matet den med biter av brød og friskt vann. Hun holdt den varm og trygg, vuggende den i hendene sine mens hun gikk om sine daglige gjøremål.

Sakte, men sikkert, begynte fuglens vinge å lege seg. Hver dag pakket Liv opp skjæren og forsiktig bøyde fuglens vinge, og hjalp den med å gjenvinne styrke og mobilitet.

Og så, en morgen, mens de første morgengryets lys malte himmelen i nyanser av rosa og gull, spredte fuglen vingene sine og fløy avgårde. Den svevde inn i luften, sirklet over Livs hode før den forsvant inn i skogen.

Tårer fylte Livs øyne mens hun så fuglen forsvinne fra synet. Hun visste at det var på tide for fuglen å returnere til det ville, å leve sitt liv slik naturen hadde tiltenkt det.

Men mens hun stod der, alene i skogen, kjente Liv en følelse av fred skylle over seg. Hun visste at hun hadde gjort noe godt, noe meningsfylt. Og selv om fuglen var borte, ville dens ånd alltid leve videre i hjertet hennes. Fra den dagen av, hver gang Liv hørte fuglene synge i trærne, ville hun smile og tenke på den lille fuglen hun hadde hjulpet.

The Bird

In a quaint village nestled among the towering fjords of Norway, there lived a young girl named Liv. She had a gentle spirit and a love for all creatures, big and small. Each morning, Liv would wake to the sound of birdsong echoing through the valley.

One crisp autumn day, as Liv was gathering berries in the forest, she stumbled upon a wounded bird. Its feathers were ruffled, and its wing was bent at an awkward angle. The bird chirped softly, its eyes pleading for help.

Without hesitation, Liv scooped up the bird and cradled it in her hands. She could feel its tiny heart beating rapidly against her palm. With gentle fingers, she examined its wing, searching for any sign of injury.

As she worked, the bird looked up at Liv with eyes full of trust. It seemed to understand that she was trying to help. With a soft sigh, Liv whispered words of comfort, hoping to ease the bird's pain.

Carefully, Liv fashioned a splint for the bird's wing using twigs and leaves. She knew it was not much, but it was the best she could do. As she worked, she sang a lullaby she had learned from her grandmother, a melody as old as the mountains themselves.

For days, Liv nursed the bird back to health, feeding it bits of bread and fresh water. She kept it warm and safe, cradling it in her hands as she went about her daily chores.

Slowly but surely, the bird's wing began to heal. Each day, Liv would unwrap the splint and gently flex the bird's wing, helping it regain strength and mobility.

And then, one morning, as the first light of dawn painted the sky in shades of pink and gold, the bird spread its wings and took flight. It soared into the air, circling above Liv's head before disappearing into the forest.

Tears welled in Liv's eyes as she watched the bird disappear from sight. She knew that it was time for the bird to return to the wild, to live its life as nature intended.

But as she stood there, alone in the forest, Liv felt a sense of peace wash over her. She knew that she had done something good, something meaningful. And though the bird was gone, its spirit would always live on in her heart.

From that day on, whenever Liv heard the birds singing in the trees, she would smile and think of the little bird she had helped.

Havfruen

I en liten fiskerlandsby på den røffe kysten av Norge, bodde en ung gutt ved navn Lars. Han var et nysgjerrig barn, med øyne så blå som havet og et smil som kunne lyse opp selv de mørkeste dagene. Lars tilbrakte dagene sine med å utforske de steinete strendene og sanddynene, på jakt etter skatter som ble skylt i land av havet.

En dag, mens Lars gikk langs stranden, så han noe glitrende i det fjerne. Nysgjerrig sprang han mot det, føttene hans sank ned i den myke sanden for hvert skritt. Da han kom nærmere, innså han at det var en skimrende hale som glitret i sollyset.

Lars gispet i ærefrykt da han så skapningen foran seg. Det var en havfrue, med langt strømmende hår og øyne så grønne som smaragder. Hun lå på sanden, halen hennes glitrende i sollyset.

Uten å nøle, skyndte Lars seg til havfruens side. Han løftet henne forsiktig opp i armene sine og bar henne til vannkanten, forsiktig så han ikke forstyrret hennes skjøre form. For hvert skritt kjente han vekten av kroppen hennes i armene sine, så lett som en fjær, men like verdifull som gull.

Da de nådde vannet, senket Lars forsiktig havfruen ned i havet. Hun sukket lettet da det kalde vannet omsluttet kroppen hennes, halen hennes løsnet mens hun svømte bort i dypet.

I dager kunne ikke Lars slutte å tenke på havfruen han hadde møtt på stranden. Han lurte på hvor hun kom fra og hva som hadde brakt henne til landsbyens bredder. Så han vendte tilbake til stranden hver dag, håp om å få et glimt av hennes unnvikende form igjen.

Men som dagene ble til uker, begynte Lars å miste håpet. Havfruen hadde forsvunnet sporløst, etterlatt seg ingenting annet enn minner om hennes flyktige nærvær.

Og så, en kveld, mens Lars gikk langs stranden, hørte han en myk stemme som kalte på ham fra bølgene. Han så ut mot havet og så havfruen, håret hennes flytende i vannet som tang.

"Lars," ropte hun, stemmen hennes som musikk i ørene hans. "Jeg har kommet for å takke deg for din godhet. Du reddet livet mitt, og for det er jeg evig takknemlig."

Lars smilte og vasset ut i vannet, de kjølige bølgene som lappte mot føttene hans. Han strakte ut hånden og tok havfruens hånd, kjente den myke huden mot sin egen.

Og selv om Lars aldri ville glemme havfruen han hadde reddet fra stranden, visste han at hun tilhørte havet, akkurat som han tilhørte landet.

The Mermaid

In a small fishing village on the rugged coast of Norway, there lived a young boy named Lars. He was a curious child, with eyes as blue as the ocean and a smile that could light up even the darkest of days. Lars spent his days exploring the rocky shores and sandy beaches, searching for treasures washed ashore by the sea.

One day, as Lars was walking along the shore, he spotted something glimmering in the distance. Intrigued, he ran towards it, his feet sinking into the soft sand with each step. As he drew closer, he realized that it was a shimmering tail, glistening in the sunlight.

Lars gasped in awe as he beheld the creature before him. It was a mermaid, with long flowing hair and eyes as green as emeralds. She lay on the sand, her tail shimmering in the sunlight.

Without hesitation, Lars rushed to the mermaid's side. He gently lifted her in his arms and carried her to the water's edge, careful not to disturb her delicate form. With each step, he could feel the weight of her body in his arms, as light as a feather yet as precious as gold.

When they reached the water, Lars gently lowered the mermaid into the sea. She let out a soft sigh of relief as the cool water enveloped her body, her tail unfurling as she swam away into the depths.

For days, Lars could not stop thinking about the mermaid he had encountered on the beach. He wondered where she had come from and what had brought her to the shores of his village. And so, he returned to the beach each day, hoping to catch another glimpse of her elusive form.

But as the days turned into weeks, Lars began to lose hope. The mermaid had vanished without a trace, leaving nothing behind but memories of her fleeting presence.

And then, one evening, as Lars was walking along the shore, he heard a soft voice calling out to him from the waves. He looked out to sea and saw the mermaid, her hair floating in the water like strands of seaweed.

"Lars," she called, her voice like music to his ears. "I have come to thank you for your kindness. You saved my life, and for that, I am forever grateful."

Lars smiled and waded into the water, the cool waves lapping at his feet. He reached out and took the mermaid's hand, feeling her soft skin against his own.

And though Lars would never forget the mermaid he had rescued from the shore, he knew that she belonged to the sea, just as he belonged to the land.

Festen

Det var en kjølig kveld i Norge, himmelen malt med striper av rosa og oransje idet solen sank under horisonten. I en liten landsby gjemt blant fjellene, samlet en gruppe venner seg for en fest.

Huset der festen ble holdt sto ved skogens kant, vinduene glødet varmt i det avtagende lyset. Inne var luften fylt av latter og lyden av musikk som svevde gjennom rommene.

Blant gjestene var en ung kvinne ved navn Anna. Hun hadde langt brunt hår og øyne som gnistret av spenning. Anna elsket fester, med løftet om latter og fellesskap.

Mens hun blandet seg med de andre gjestene, følte Anna en følelse av tilhørighet skylle over henne. Dette var hennes venner, hennes ledsagere på denne reisen kalt livet. Og i kveld hadde de kommet sammen for å feire de enkle gledene ved vennskap og samhold.

Verten for festen, en mann ved navn Erik, var en jovial fyr med en hjertelig latter og en talent for historiefortelling. Han underholdt gjestene med historier om sine eventyr i fjellene, om å klatre opp klipper og krysse farlig terreng.

Etter hvert som natten skred frem, danset og sang gjestene, stemmene deres steg i harmoni med musikken. Anna fant seg selv fanget opp i øyeblikkets glede, hennes bekymringer og anstrengelser smeltet bort i varmen av vennskap.

Men midt blant latteren og gleden, kunne ikke Anna shake av seg følelsen av uro som gnagde i hjertet hennes. Hun kastet et blikk ut av vinduet, der skogen ruvet mørk og mystisk i måneskinnet.

Følende Annas uro, nærmet Erik seg henne med et smil. "Koser du deg, Anna?" spurte han, stemmen varm og beroligende.

Anna tvang frem et smil og nikket. "Ja, selvfølgelig," svarte hun, selv om stemmen hennes hørtes hul ut selv for hennes egne ører.

Erik studerte henne et øyeblikk, blikket hans gjennomtrengende. "Er det noe som plager deg, min kjære?" spurte han forsiktig.

Anna nølte, usikker på hvordan hun skulle sette følelsene sine i ord. "Jeg vet ikke," innrømmet hun til slutt. "Jeg føler meg bare... urolig, på en måte. Som om det er noe som lurer i skyggene, klar til å angripe."

Erik nikket forståelsesfullt. "Jeg vet hva du mener," sa han mykt. "Skogen kan være et mysteriøst sted, full av hemmeligheter og underverk. Men det er ingen grunn til å være redd, min kjære. Vi er omgitt av venner, og sammen kan vi møte hvilke utfordringer som helst som kommer vår vei."

Anna følte en bølge av takknemlighet skylle over henne ved Eriks ord. Han hadde rett, forsto hun. Omgitt av venner hadde hun ingenting å frykte.

Og så, etter hvert som natten gikk og stjernene danset på himmelen, lot Anna gå av frykten og tillot seg å bli fanget opp i øyeblikkets magi. For i kveld, i det minste, var hun trygg og lykkelig, omgitt av varmen og kjærligheten fra vennene sine.

The Party

It was a cool evening in Norway, the sky painted with streaks of pink and orange as the sun dipped below the horizon. In a small village nestled among the mountains, a group of friends gathered for a party.

The house where the party was held stood at the edge of the forest, its windows glowing warmly in the fading light. Inside, the air was filled with laughter and the sound of music drifting through the rooms.

Among the guests was a young woman named Anna. She had long brown hair and eyes that sparkled with excitement. Anna loved parties, with their promise of laughter and camaraderie.

As she mingled with the other guests, Anna felt a sense of belonging wash over her. These were her friends, her companions in this journey called life. And tonight, they had come together to celebrate the simple joys of friendship and togetherness.

The host of the party, a man named Erik, was a jovial fellow with a hearty laugh and a talent for storytelling. He regaled the guests with tales of his adventures in the mountains, of scaling cliffs and traversing treacherous terrain.

As the night wore on, the guests danced and sang, their voices rising in harmony with the music. Anna found herself swept up in the joy of the moment, her worries and cares melting away in the warmth of friendship.

But amidst the laughter and merriment, Anna couldn't shake the feeling of unease that gnawed at her heart. She glanced out the window, where the forest loomed dark and mysterious in the moonlight.

Sensing Anna's unease, Erik approached her with a smile. "Are you enjoying yourself, Anna?" he asked, his voice warm and reassuring.

Anna forced a smile and nodded. "Yes, of course," she replied, though her voice sounded hollow even to her own ears.

Erik studied her for a moment, his gaze penetrating. "Is something troubling you, my dear?" he asked gently.

Anna hesitated, unsure of how to put her feelings into words. "I don't know," she admitted finally. "I just feel... unsettled, somehow. As if there's something lurking in the shadows, waiting to pounce."

Erik nodded understandingly. "I know what you mean," he said softly. "The forest can be a mysterious place, full of secrets and wonders. But there's no need to fear, my dear. We are surrounded by friends, and together, we can face whatever challenges come our way."

Anna felt a surge of gratitude wash over her at Erik's words. He was right, she realized. Surrounded by friends, she had nothing to fear.

And so, as the night wore on and the stars danced in the sky, Anna let go of her fears and allowed herself to be swept up in the magic of the moment. For tonight, at least, she was safe and happy, surrounded by the warmth and love of her friends.

I den pittoreske byen Bergen, innkapslet mellom fjell og hav, var gatene fylt av spenning. Det var 17. mai, Norges nasjonaldag, en dag med feiring og glede.

På byens torg samlet barn seg iført sine fineste klær, viftende med flagg og ballonger mens de ventet spent på at festlighetene skulle begynne. Luften var fylt av latter og småprat, en gledelig kakofoni som gjallet mellom brostein-gatene.

Blant mengden var en ung jente ved navn Sofie. Hun hadde på seg en tradisjonell norsk bunad, håret flettet med bånd i rødt, hvitt og blått. Øynene hennes gnistret av forventning mens hun så seg rundt på de mange ansiktene, hver fylt med den samme følelsen av spenning og stolthet.

Da klokken slo ti, begynte prosesjonen. Først kom musikkorpset, deres trommer og trompeter fylte luften med musikk. Bak dem marsjerte en rekke skolebarn, stemmene deres steg i sang mens de sang nasjonalsangen.

Sofie klappet og jublet sammen med mengden, hjertet hennes svulmet av stolthet ved synet av sine medborgere som samlet seg for å feire sin felles arv.

Etter paraden ble torget fylt med boder som solgte tradisjonell norsk mat og drikke. Sofie og hennes familie vandret mellom bodene, smakte på delikatesser som lefse og krumkake, skylt ned med kopper varm sjokolade og gløgg.

Mens de spiste og drakk, fortalte Sofies foreldre henne historier om deres egne barndoms 17. mai-feiringer, om leker, danser og fyrverkeri som lyste opp natteskyen.

Da solen begynte å gå ned, samlet mengden seg igjen på torget for kveldens festligheter. En scene var blitt satt opp, og artister tok svinger med å underholde publikum med musikk og dans.

Sofie så i beundring mens danserne snurret og spratt over scenen, deres bevegelser nådige og flytende. Hun klappet og jublet sammen med resten av mengden, hjertet hennes fylt av glede ved synet av hennes med-Nordmenn som samlet seg for å feire sin kultur og arv.

Og så, mens de siste notene av den siste sangen ble borte, lyste himmelen opp med fyrverkeri, deres lyse farger malte mønstre mot nattehimmelen. Sofie så i undring mens fyrverkeriet eksploderte over henne, deres glans reflektert i øynene til mengden under.

Da det siste fyrverkeriet ble borte og mengden begynte å spre seg, følte Sofie en følelse av tilfredshet skylle over henne. 17. mai hadde vært alt hun hadde håpet på og mer, en dag fylt med latter og glede, tilbrakt med kjære og medborgere.

Mens hun gikk hjem gjennom de stille gatene i Bergen, kunne Sofie ikke hjelpe, men smile. For i dag, i det minste, hadde hun vært en del av noe spesielt, noe som minnet henne om skjønnheten og magien i hennes hjemland, Norge.

In the picturesque city of Bergen, nestled between the mountains and the sea, the streets were alive with excitement. It was May 17th, Norway's National Day, a day of celebration and joy.

In the city square, children dressed in their finest clothes gathered eagerly, waving flags and balloons as they waited for the festivities to begin. The air was filled with the sound of laughter and chatter, a joyful cacophony that echoed off the cobblestone streets.

Among the crowd was a young girl named Sofie. She wore a traditional Norwegian bunad, her hair braided with ribbons of red, white, and blue. Her eyes sparkled with anticipation as she looked around at the sea of faces, each one filled with the same sense of excitement and pride.

As the clock struck ten, the procession began. First came the marching band, their drums and trumpets filling the air with music. Behind them marched a line of schoolchildren, their voices raised in song as they sang the national anthem.

Sofie clapped and cheered along with the crowd, her heart swelling with pride at the sight of her fellow countrymen coming together to celebrate their shared heritage.

After the parade, the city square filled with stalls selling traditional Norwegian food and drink. Sofie and her family wandered among the booths, sampling delicacies like lefse and krumkake, washed down with cups of hot chocolate and mulled wine.

As they ate and drank, Sofie's parents told her stories of their own childhood May 17th celebrations, of games and dances and fireworks lighting up the night sky.

As the sun began to set, the crowd gathered once more in the city square for the evening festivities. A stage had been set up, and performers took turns entertaining the crowd with music and dance.

Sofie watched in awe as dancers twirled and leaped across the stage, their movements graceful and fluid. She clapped and cheered along with the rest of the crowd, her heart filled with joy at the sight of her fellow Norwegians coming together to celebrate their culture and heritage.

And then, as the final notes of the last song faded away, the sky lit up with fireworks, their bright colors painting patterns against the night sky. Sofie watched in wonder as the fireworks exploded overhead, their brilliance reflected in the eyes of the crowd below.

As the last firework fizzled out and the crowd began to disperse, Sofie felt a sense of contentment wash over her. May 17th had been everything she had hoped for and more, a day filled with laughter and joy, spent with loved ones and fellow countrymen.

As she made her way home through the quiet streets of Bergen, Sofie couldn't help but smile. For today, at least, she had been part of something special, something that reminded her of the beauty and magic of her homeland, Norway.

Den Magiske Lefsa

I den koselige landsbyen Vik, innkapslet mellom de majestetiske fjellene og den skimrende fjorden, bodde en ung jente ved navn Ingrid. Ingrid var en nysgjerrig sjel, alltid ivrig etter å utforske verden rundt seg og oppdage dens hemmeligheter.

En frisk høstdag, mens Ingrid vandret gjennom skogen, snublet hun over en lysning badet i gyllent lys. Midt i lysningen sto en liten hytte, veggene dekket av eføy og vinduene glødende varmt i sollyset.

Ingrids nysgjerrighet tok overhånd, og hun nærmet seg hytten med forsiktige skritt. Hun banket på døren, hjertet hennes banket av spenning.

Til hennes overraskelse svingte døren åpen og avslørte en vennlig gammel kvinne som sto på terskelen. Kvinnen hadde gnistrende blå øyne og et varmt smil som lyste opp ansiktet hennes.

"Hei, kjære," sa hun, stemmen hennes myk og mild. "Hva bringer deg til mitt beskjedne hjem?"

Ingrid forklarte at hun bare utforsket skogen og hadde snublet over hytten tilfeldigvis. Men den gamle kvinnens øyne gnistret klokt, som om hun kunne se gjennom Ingrids ord.

"Vel, du er heldig, min kjære," sa den gamle kvinnen med et lurt smil. "Jeg tilfeldigvis være en mester i å lage lefse, og jeg har akkurat en fersk ladning som kjøler ned på vinduskarmen. Vil du prøve?"

Ingrids munn vann ved tanken på fersk lefse, et tradisjonelt norsk flatbrød som hun alltid hadde elsket. Hun nikket ivrig, kunne ikke motstå fristelsen.

Den gamle kvinnen forsvant inn i hytten og kom tilbake øyeblikk senere med en dampende varm lefse, overflaten gyldenbrun og sprø. Hun ga den til Ingrid, som tok en forsiktig bit.

Umiddelbart følte Ingrid en merkelig følelse skylle over henne, som om hun ble transportert til en annen verden. Farger danset foran øynene hennes, og luften virket å summe av magi.

Ingrid tok en annen bit av lefsen, sansene hennes dirret av spenning. Hun lukket øynene og lot seg bli båret bort på en bølge av ren glede.

Da hun åpnet øynene igjen, fant hun seg selv stående på en frodig grønn eng, omgitt av marker med ville blomster og sommerfugler som fløy gjennom luften. Solen skinte lyst over hodet, varmet huden hennes og fylte hjertet hennes med lykke.

Ingrid så seg rundt i undring, nesten ikke tør å tro på det hun så. Kunne det være at lefsen var magisk, i stand til å transportere henne til dette vakre stedet?

Mens hun vurderte denne muligheten, ropte en stemme til henne fra kanten av engen. Ingrid snudde seg for å se en gruppe barn leke i det fjerne, latteren deres fløt på brisen.

Med et smil løp Ingrid mot dem, hjertet hennes svevde av spenning. For første gang i livet hennes følte hun seg virkelig levende, som om hun hadde funnet sin plass i verden.

I timer lekte Ingrid med barna, jaktet på sommerfugler og danset i sollyset. Hun følte at hun hadde kjent dem for alltid, som om de var gamle venner gjenforent til slutt.

Men til slutt begynte solen å gå ned, kastet lange skygger over engen. Ingrid visste at det var på tide å dra hjem, selv om hun ønsket at hun kunne bli i dette magiske stedet for alltid.

Motvillig sa hun farvel til sine nye venner og begynte å gå tilbake til lysningen der hun først hadde kommet inn på engen. Der fant hun den gamle kvinnen som ventet på henne, øynene hennes gnistret av moro.

"Jeg håper du likte ditt lille eventyr, kjære," sa den gamle kvinnen med et smil.

Ingrid nikket, hjertet hennes fortsatt banket av spenning. "Takk," sa hun mykt. "Takk for at du viste meg verdenes magi."

Med et vink med hånden ga den gamle kvinnen Ingrid en annen bit av lefsen, denne gangen innpakket i en klut og bundet med et bånd.

"Ta med deg dette, kjære," sa hun. "Det er en gave for å minne deg om magien som bor i oss alle. Og husk, noen ganger kan de mest ekstraordinære eventyrene finnes på de mest ordinære stedene."

Med det tok Ingrid lefsen og sa farvel til den gamle kvinnen. Mens hun gikk tilbake gjennom skogen til landsbyen sin, kunne hun ikke hjelpe, men smile, og visste at hun alltid ville bære med seg en bit av magien uansett hvor hun gikk.

The Magic Lefse

In the cozy village of Vik, nestled between the towering mountains and the shimmering fjord, there lived a young girl named Ingrid. Ingrid was a curious soul, always eager to explore the world around her and discover its secrets.

One crisp autumn day, as Ingrid was wandering through the forest, she stumbled upon a clearing bathed in golden light. In the center of the clearing stood a small cottage, its walls covered in ivy and its windows glowing warmly in the sunlight.

Ingrid's curiosity got the better of her, and she approached the cottage with cautious steps. She knocked on the door, her heart pounding with excitement.

To her surprise, the door swung open, revealing a kindly old woman standing on the threshold. The woman had twinkling blue eyes and a warm smile that lit up her face.

"Hello, dearie," she said, her voice soft and gentle. "What brings you to my humble abode?"

Ingrid explained that she was simply exploring the forest and had stumbled upon the cottage by chance. But the old woman's eyes twinkled knowingly, as if she could see right through Ingrid's words.

"Well, you're in luck, my dear," the old woman said with a mischievous grin. "I happen to be a master lefse maker, and I just so happen to have a fresh batch cooling on the windowsill. Would you care to try some?"

Ingrid's mouth watered at the thought of fresh lefse, a traditional Norwegian flatbread that she had always loved. She nodded eagerly, unable to resist the temptation.

The old woman disappeared into the cottage and returned moments later with a steaming hot lefse, its surface golden brown and crispy. She handed it to Ingrid, who took a cautious bite.

Instantly, Ingrid felt a strange sensation wash over her, as if she were being transported to another world. Colors danced before her eyes, and the air seemed to hum with magic.

Ingrid took another bite of the lefse, her senses tingling with excitement. She closed her eyes and let herself be carried away on a wave of pure joy.

When she opened her eyes again, she found herself standing in a lush green meadow, surrounded by fields of wildflowers and butterflies flitting through the air. The sun shone brightly overhead, warming her skin and filling her heart with happiness.

Ingrid looked around in wonder, hardly daring to believe what she was seeing. Could it be that the lefse was magic, capable of transporting her to this beautiful place?

As she pondered this possibility, a voice called out to her from the edge of the meadow. Ingrid turned to see a group of children playing in the distance, their laughter floating on the breeze.

With a smile, Ingrid ran towards them, her heart soaring with excitement. For the first time in her life, she felt truly alive, as if she had found her place in the world.

For hours, Ingrid played with the children, chasing butterflies and dancing in the sunlight. She felt like she had known them forever, as if they were old friends reunited at last.

But eventually, the sun began to set, casting long shadows across the meadow. Ingrid knew that it was time to return home, though she wished she could stay in this magical place forever.

Reluctantly, she said goodbye to her new friends and made her way back to the clearing where she had first entered the meadow. There, she found the old woman waiting for her, her eyes twinkling with amusement.

"I hope you enjoyed your little adventure, dearie," the old woman said with a smile.

Ingrid nodded, her heart still racing with excitement. "Thank you," she said softly. "Thank you for showing me the magic of the world."

With a wave of her hand, the old woman handed Ingrid another piece of lefse, this one wrapped in a cloth and tied with a ribbon.

"Take this with you, dearie," she said. "It's a gift to remind you of the magic that lies within us all. And remember, sometimes the most extraordinary adventures can be found in the most ordinary places."

With that, Ingrid took the lefse and bid the old woman farewell. As she made her way back through the forest to her village, she couldn't help but smile, knowing that she would always carry a piece of the magic with her wherever she went.

I den stille landsbyen Nordfjordeid, innkapslet blant de majestetiske fjellene og rolige fjordene i Norge, bodde det en ung jente ved navn Emma. Emma var et ettertenksomt barn med et mildt hjerte, men i det siste hadde hun følt en tung byrde på skuldrene sine.

En grå morgen, mens Emma satt ved vinduet og så regnet sildre ned over glasset, følte hun en bølge av tristhet skylle over henne. Det var en følelse hun ikke helt kunne forklare, en tyngde i brystet som virket å veie henne ned.

Emma sukket og foldet armene rundt seg selv, og ønsket at hun kunne riste av seg tristheten som klamret seg til henne som en skygge. Hun lengtet etter å føle varmen fra solen i ansiktet og lettheten av latter i hjertet.

Dagene gikk, og Emma prøvde å dytte bort tristheten, fylle tiden sin med plikter og aktiviteter for å distrahere seg selv. Hun hjalp moren sin i hagen, tok seg av familiens sauer, og tilbrakte lange ettermiddager med å vandre gjennom markene og skogene som omgav hjemmet deres.

Men uansett hvor hardt hun prøvde, kunne ikke Emma unnslippe følelsen av tomhet som gnagde i sjelen hennes. Det var som om en del av henne manglet, tapt i den vidstrakte verden rundt henne.

En kveld, mens Emma satt ved ilden, fordypt i tankene sine, nærmet moren seg henne med et mildt smil.

"Emma, kjære," sa hun mykt, "jeg kan se at du føler deg trist. Er det noe på hjertet ditt?"

Emma nølte, usikker på hvordan hun skulle sette ord på følelsene sine. Hun hadde alltid vært et stille barn, holdt tankene og følelsene sine låst dypt inne.

"Det er ingenting, mor," svarte hun, med et påtatt smil. "Bare en liten nedtur, det er alt."

Men moren hennes gjennomskuet hennes fasade, øynene hennes fylt av bekymring.

"Emma, kjære," sa hun, og tok datterens hånd i sin, "du trenger ikke å bære denne byrden alene. Uansett hva det er som plager deg, kan du dele det med meg. Vi er her for deg, alltid."

Emma følte en klump danne seg i halsen mens hun så inn i morens øyne, så fulle av kjærlighet og forståelse. Hun visste at hun ikke kunne holde følelsene sine inne lenger.

Og så, med tårer som rant nedover kinnene, fortalte Emma hjertet sitt til moren sin, om den tristheten som hadde veid henne ned så lenge.

Moren hennes lyttet tålmodig, armene hennes rundt Emma i en trøstende omfavnelse. Og da Emma hadde avsluttet tale, holdt moren henne tett og hvisket trøstende ord.

"Emma, kjære," sa hun, stemmen hennes myk og beroligende, "du er ikke alene i din tristhet. Vi har alle øyeblikk av mørke i livene våre, men det er viktig å huske at det alltid er lys som venter på å veilede oss gjennom skyggene."

Med morens ord klingende i ørene hennes, følte Emma et glimt av håp røre seg i hjertet hennes. Hun visste at hun ikke kunne jage vekk tristheten over natten, men hun visste også at hun ikke måtte møte den alene.

Og så, med morens kjærlighet som hennes fyrlys, sverget Emma å ta ett skritt om gangen, og vite at med hvert skritt ville hun komme nærmere å finne lyset som hadde unndratt seg henne så lenge.

I'm Sad

In the quiet village of Nordfjordeid, nestled among the majestic mountains and serene fjords of Norway, there lived a young girl named Emma. Emma was a thoughtful child with a gentle heart, but lately, she had been feeling a heavy weight upon her shoulders.

One gray morning, as Emma sat by the window, watching the rain trickle down the glass, she felt a wave of sadness wash over her. It was a feeling she couldn't quite explain, a heaviness in her chest that seemed to weigh her down.

Emma sighed and wrapped her arms around herself, wishing she could shake off the sadness that clung to her like a shadow. She longed to feel the warmth of the sun on her face and the lightness of laughter in her heart.

As the days passed, Emma tried to push away her sadness, filling her time with chores and activities to distract herself. She helped her mother in the garden, tended to the family's sheep, and spent long afternoons wandering through the fields and forests that surrounded their home.

But no matter how hard she tried, Emma couldn't escape the feeling of emptiness that gnawed at her soul. It was as if a part of her was missing, lost in the vast expanse of the world around her.

One evening, as Emma sat by the fire, lost in her thoughts, her mother approached her with a gentle smile.

"Emma, my dear," she said softly, "I can see that you're feeling sad. Is there something on your mind?"

Emma hesitated, unsure of how to put her feelings into words. She had always been a quiet child, keeping her thoughts and emotions locked away deep inside.

"It's nothing, Mother," she replied, forcing a smile. "Just a case of the blues, that's all."

But her mother saw through her façade, her eyes filled with concern.
"Emma, my dear," she said, taking her daughter's hand in hers, "you don't have to carry this burden alone. Whatever it is that's troubling you, you can share it with me. We're here for you, always."

Emma felt a lump form in her throat as she looked into her mother's eyes, so full of love and understanding. She knew that she couldn't keep her feelings bottled up any longer.

And so, with tears streaming down her cheeks, Emma poured out her heart to her mother, telling her of the sadness that had been weighing her down for so long.

Her mother listened patiently, her arms wrapped around Emma in a comforting embrace. And when Emma had finished speaking, her mother held her close and whispered words of comfort and reassurance.

"Emma, my dear," she said, her voice soft and soothing, "you are not alone in your sadness. We all have moments of darkness in our lives, but it's important to remember that there is always light waiting to guide us through the shadows."

With her mother's words ringing in her ears, Emma felt a glimmer of hope stir within her heart. She knew that she couldn't banish her sadness overnight, but she also knew that she didn't have to face it alone.

And so, with her mother's love as her beacon, Emma vowed to take one step at a time, knowing that with each step, she would come closer to finding the light that had eluded her for so long.

Jeg vet hvorfor fiskene svømmer

I en liten kystlandsby i Norge, innkapslet mellom majestetiske klipper og endeløse fjorder, bodde det en ung gutt ved navn Lars. Lars var en drømmer, med et hjerte fylt av undring og en kjærlighet til havet som strakte seg så dypt som selve havet.

Fra en ung alder hadde Lars følt en tilknytning til havet. Han kunne tilbringe timer sittende på den steinete kysten, se på bølgene som slo mot klippene og lytte til lyden av måker som kalte over hodet.

En dag, mens Lars satt ved vannkanten, fordypt i tankene sine, hørte han en stemme kalle på ham fra havets dyp. Forskrekket, så han seg rundt, men det var ingen der.

"Hvem er der?" ropte Lars, stemmen hans dirrende av usikkerhet.

"Det er jeg, havets ånd," kom svaret, en hvisken båret på vinden. "Jeg har kommet for å dele med deg havets visdom, hvis du er villig til å lytte."

Lars følte en skjelving løpe nedover ryggen ved lyden av stemmen. Han hadde alltid følt en dyp respekt for havet, men han hadde aldri forestilt seg at det kunne snakke til ham.

"Jeg er villig," sa Lars stille, hjertet hans banket i brystet.

Og så begynte havets ånd å tale, stemmen dens som den milde skvulpingen av bølger mot kysten.

"Fiskene svømmer," sa ånden, "fordi de vet at det er deres skjebne å utforske havets dyp og å oppdage de hemmeligheter som ligger skjult under overflaten. De frykter ikke det ukjente, for de vet at det er gjennom utforskning og oppdagelse at de vil finne sann oppfyllelse."

Lars lyttet oppmerksomt, øynene hans vidåpne av undring. Han hadde aldri tenkt på fiskene på denne måten før, men nå ga det perfekt mening for ham.

"Men hva med meg?" spurte Lars. "Hva er min skjebne?"

Havets ånd smilte, stemmen dens mild og beroligende.

"Din skjebne, unge Lars, er å følge hjertet ditt og å forfølge drømmene dine med mot og besluttsomhet. Akkurat som fiskene svømmer, må også du dykke hodestups inn i livets hav, uten frykt for de utfordringene som ligger foran."

Med disse ordene forsvant havets ånd, og lot Lars være alene på den steinete kysten. Men i det øyeblikket følte Lars en følelse av klarhet skylle over seg, som om en tåke hadde løftet seg fra sinnet hans.

Fra den dagen viet Lars seg til sin kjærlighet til havet, og tilbrakte hver ledige stund med å utforske kystlinjen og lære dens hemmeligheter. Han seilte på fiskebåter med de lokale fiskerne, dykket ned i de iskalde vannene for å fange fisk og skjell med egne hender.

Og mens han navigerte gjennom havets dyp, følte Lars en følelse av fred og formål som han aldri hadde kjent før. Han visste nå hvorfor fiskene svømte, og han visste også at han var bestemt til å følge i deres fotspor, utforske havets enorme område og oppdage de underverkene som lå skjult under overflaten.

Med havets ånd som sin veileder, ville han legge ut på en reise gjennom livets farvann, uten frykt for de utfordringene som lå foran, og vite at med hver bølge som slo mot kysten, var han ett skritt nærmere å finne sin sanne skjebne.

I Know Why the Fish Swim

In a small coastal village in Norway, nestled between towering cliffs and endless fjords, there lived a young boy named Lars. Lars was a dreamer, with a heart full of wonder and a love for the sea that ran as deep as the ocean itself.

From a young age, Lars had felt a connection to the sea. He would spend hours sitting on the rocky shore, watching the waves crash against the cliffs and listening to the sound of seagulls calling overhead.

One day, as Lars sat by the water's edge, lost in his thoughts, he heard a voice calling to him from the depths of the sea. Startled, he looked around, but there was no one there.

"Who's there?" Lars called out, his voice trembling with uncertainty.

"It is I, the spirit of the sea," came the reply, a whisper carried on the wind. "I have come to share with you the wisdom of the ocean, if you are willing to listen."

Lars felt a shiver run down his spine at the sound of the voice. He had always felt a deep reverence for the sea, but he had never imagined that it could speak to him.

"I am willing," Lars said softly, his heart pounding in his chest.

And so, the spirit of the sea began to speak, its voice like the gentle lapping of waves against the shore.

"The fish swim," the spirit said, "because they know that it is their destiny to explore the depths of the ocean and to discover the secrets that lie hidden beneath its surface. They do not fear the unknown, for they know that it is through exploration and discovery that they will find true fulfillment."

Lars listened intently, his eyes wide with wonder. He had never thought of the fish in this way before, but now, it made perfect sense to him.

"But what about me?" Lars asked. "What is my destiny?"

The spirit of the sea smiled, its voice gentle and reassuring.

"Your destiny, young Lars, is to follow your heart and to pursue your dreams with courage and determination. Just as the fish swim, so too must you dive headfirst into the ocean of life, unafraid of the challenges that lie ahead."

With those words, the spirit of the sea faded away, leaving Lars alone on the rocky shore. But in that moment, Lars felt a sense of clarity wash over him, as if a fog had been lifted from his mind.

From that day on, Lars devoted himself to his love of the sea, spending every spare moment exploring the coastline and learning its secrets. He sailed on fishing boats with the local fishermen, diving into the icy waters to catch fish and shellfish with his own two hands.

And as he navigated the depths of the ocean, Lars felt a sense of peace and purpose that he had never known before. He knew now why the fish swam, and he knew too that he was destined to follow in their footsteps, exploring the vast expanse of the sea and discovering the wonders that lay hidden beneath its surface.

With the spirit of the sea as his guide, he would chart a course through the waters of life, unafraid of the challenges that lay ahead, knowing that with each wave that crashed against the shore, he was one step closer to finding his true destiny.

Sommer i Bergen

I den sjarmerende byen Bergen, innkapslet koselig mellom fjorder og fjell, kom sommeren med et fargesprakende brak av spenning og glede. Gatene summet av energi mens både lokale og turister strømmet til byen for å suge til seg solen og fryde seg i festlighetene.

Blant folkemengden var en ung jente ved navn Astrid. Med sine gylne krøller som danset i brisen og øynene som glitret av forventning, bega hun seg ut for å utforske alt det Bergen hadde å tilby.

Mens Astrid vandret gjennom de brosteinsbelagte gatene, kunne hun ikke la være å undre seg over synene og lydene rundt seg. Overalt hun så var det gateartister som jonglerte og sang, fargerike boder som solgte lokale delikatesser, og den fristende aromaen av nystekte vafler som svevde i luften.

Men midt i travet og masen i byen hadde Astrid en hemmelig oppgave. Hun hadde hørt hviskinger om en mystisk butikk gjemt bort i et rolig hjørne av Bergen, en butikk som skulle være fylt med de mest ekstraordinære skattene.

Fast bestemt på å avdekke butikkens hemmeligheter, fulgte Astrid de svingete gatene til hun kom til en sjarmerende liten smug med gamle butikker og koselige kafeer. I enden av smuget sto en liten, ubetydelig butikkfasade med et skilt som bare leste: "Den Fortryllede Emporium".

Med en følelse av spenning som strømmet gjennom årene, dyttet Astrid opp døren og trådte inn. Butikken var helt annerledes enn alt hun hadde sett før, med hyller som flommet over av smykker og skatter i alle former og størrelser.

Midt i rommet sto en gammel mann med et glimt i øyet og et velvillig smil om munnen. Han var butikkeier, og han hilste Astrid velkommen med en varm velkomst.

"Velkommen til Den Fortryllede Emporium, kjære deg," sa han, stemmen hans som en melodi som svevde på brisen. "Hva fører deg til min beskjedne bolig på denne fine sommerdagen?"

Astrid kikket rundt i butikken, øynene vidåpne av undring. "Jeg har hørt rykter om underverk som ligger innenfor disse veggene," sa hun ivrig. "Jeg har kommet for å se med egne øyne om de er sanne."

Butikkeieren lo lavt og nikket. "Åh, jeg ser at du er en jente etter mitt eget hjerte," sa han med et blink. "Vel, kjære deg, du er heldig. For innenfor disse veggene ligger skatter utenfor dine villeste drømmer."

Med det ledet butikkeieren Astrid på en virvelvindtur i butikken, pekte ut hvert magisk objekt med stolthet. Det var skimrende eliksirer som lyste i mørket, fortryllede speil som viste glimt av fjerne land, og små skapninger laget av glitrende krystaller som danset i sollyset.

Men mens Astrid undret seg over underverkene foran seg, falt øynene hennes på en liten treboks gjemt bort på en støvete hylle i hjørnet av rommet. Den var enkel og ubetydelig, men noe ved den kalte på henne, som om den holdt nøkkelen til en hemmelighet hun hadde lett etter lenge.

"Hva er inni?" spurte Astrid, nysgjerrigheten hennes vakt.

Butikkeieren smilte kjærlig og åpnet boksen, og avslørte en enkelt, glitrende stein som lå skjult i dypet. Den var fargen på sommerhimmelen, med gullflekker som glitret i lyset.

"Dette, kjære deg," sa butikkeieren stille, "er en ønskestein. Med den kan du ønske deg hva hjertet ditt måtte begjære, og det vil gå i oppfyllelse."

Astrids øyne videt seg i forbløffelse. En ønskestein! Hun hadde hørt fortellinger om slike magiske gjenstander, men hun hadde aldri drømt om å holde en i egne hender.

Men før hun kunne ønske, snudde Astrids tanker seg mot familien og vennene hjemme. Hun innså at det var andre som trengte henne mer enn hun trengte et ønske.

Og så, med et bestemt blikk i øynene, ønsket Astrid. Hun ønsket at lykke og kjærlighet skulle fylle hjertene til alle de hun brydde seg om, og at verden skulle være fylt av fred og glede.

Mens hun lukket øynene og hvisket ønsket sitt til steinen, kjente Astrid en varm følelse skylle over seg, som om luften rundt henne hadde kommet til live med magi.

Da hun åpnet øynene igjen, fant hun seg selv stående utenfor butikken, sommersolen som skinte ned i ansiktet hennes. Den Fortryllede Emporium hadde forsvunnet uten spor, og etterlatt Astrid med ingenting annet enn minnet om underverkene hun hadde sett innenfor veggene.

Men mens hun vandret tilbake gjennom Bergens gater, visste Astrid at hun bar noe langt mer verdifullt enn noen skatt hun noensinne kunne finne i en butikk. Hun bar kraften fra sitt ønske, et håpets og kjærlighetens fyrtårn som skulle veilede henne på hennes livsreise.

Og selv om hun kanskje aldri ville få vite om ønsket hennes gikk i oppfyllelse, visste Astrid én ting sikkert: med kjærlighet i hjertet og magi i sjelen, var alt mulig.

Summer in Bergen

In the charming city of Bergen, nestled snugly between the fjords and the mountains, summer arrived with a burst of color and excitement. The streets buzzed with energy as locals and tourists alike flocked to the city to soak up the sun and revel in the festivities.

Among the throngs of people was a young girl named Astrid. With her golden curls bouncing in the breeze and her eyes sparkling with anticipation, she set out to explore all that Bergen had to offer.

As Astrid strolled through the cobblestone streets, she couldn't help but marvel at the sights and sounds around her. Everywhere she looked, there were street performers juggling and singing, colorful stalls selling local delicacies, and the tantalizing aroma of freshly baked waffles wafting through the air.

But amidst the hustle and bustle of the city, Astrid had a secret mission of her own. She had heard whispers of a mysterious shop tucked away in a quiet corner of Bergen, a shop that was said to be filled with the most extraordinary treasures.

Determined to uncover the shop's secrets, Astrid followed the winding streets until she came upon a quaint little alleyway lined with old-fashioned shops and cozy cafes. At the end of the alley stood a small, unassuming storefront with a sign that simply read: "The Enchanted Emporium."

With a thrill of excitement coursing through her veins, Astrid pushed open the door and stepped inside. The shop was unlike anything she had ever seen before, with shelves overflowing with trinkets and treasures of every shape and size.

At the center of the room stood an old man with a twinkle in his eye and a knowing smile on his lips. He was the shopkeeper, and he greeted Astrid with a warm welcome.

"Welcome to The Enchanted Emporium, my dear," he said, his voice like a melody floating on the breeze. "What brings you to my humble abode on this fine summer's day?"

Astrid glanced around the shop, her eyes wide with wonder. "I've heard rumors of the wonders that lie within these walls," she said eagerly. "I've come to see for myself if they're true."

The shopkeeper chuckled softly and nodded. "Ah, I see you're a girl after my own heart," he said with a wink. "Well, my dear, you're in luck. For within these walls lie treasures beyond your wildest dreams."

With that, the shopkeeper led Astrid on a whirlwind tour of the shop, pointing out each magical item with pride. There were shimmering potions that glowed in the dark, enchanted mirrors that showed glimpses of far-off lands, and tiny creatures made of sparkling crystals that danced in the sunlight.

But as Astrid marveled at the wonders before her, her eyes fell upon a small wooden box tucked away on a dusty shelf in the corner of the room. It was plain and unassuming, yet something about it called to her, as if it held the key to a secret she had long been searching for.

"What's inside?" Astrid asked, her curiosity piqued.

The shopkeeper smiled knowingly and opened the box, revealing a single, shimmering stone nestled within its depths. It was the color of the summer sky, with flecks of gold that sparkled in the light.

"This, my dear," the shopkeeper said softly, "is a wishing stone. With it, you can make any wish your heart desires, and it will come true."

Astrid's eyes widened in amazement. A wishing stone! She had heard tales of such magical objects, but she had never dreamed she would hold one in her own hands.

But before she could make a wish, Astrid's thoughts turned to her family and friends back home. She realized that there were others who needed her more than she needed a wish.

And so, with a determined look in her eye, Astrid made her wish. She wished for happiness and love to fill the hearts of all those she cared about, and for the world to be filled with peace and joy.

As she closed her eyes and whispered her wish into the stone, Astrid felt a surge of warmth wash over her, as if the very air around her had come alive with magic.

When she opened her eyes again, she found herself standing outside the shop, the summer sun shining down on her face. The Enchanted Emporium had vanished without a trace, leaving Astrid with nothing but the memory of the wonders she had seen within its walls.

But as she made her way back through the streets of Bergen, Astrid knew that she carried something far more precious than any treasure she could ever find in a shop. She carried the power of her wish, a beacon of hope and love that would guide her on her journey through life.

And though she may never know if her wish came true, Astrid knew one thing for certain: with love in her heart and magic in her soul, anything was possible.

Det Iskledde Eventyret

I den iskalde villmarken i nordlige Norge, der fjellene gjennomboret himmelen og fjordene strakte seg som frosne elver, bega en gruppe eventyrere seg ut på en ekspedisjon ulik noen annen. Blant dem var en ung mann ved navn Erik, med et hjerte så modig som en løve og øyne som glitret av besluttsomhet.

Deres oppdrag var å krysse det farlige terrenget rundt Polarsirkelen, for å utforske den urørte skjønnheten i landet og avdekke dets skjulte hemmeligheter. Men lite visste de at deres reise snart ville bli en prøvelse på overlevelse mot naturens ugjestmilde krefter.

Mens de beveget seg gjennom den frosne landskapet, bitende kulde og snøen knasende under støvlene deres, møtte Erik og hans følgesvenner utfordringer på rekke og rad. De kjempet mot nådeløse snøstormer som truet med å sluke dem i sin iskalde favn, og navigerte seg gjennom farlige sprekker som gapte som sultne beist i den frosne jorden.

Men gjennom det hele holdt Erik motet oppe, hans ånd ubrutt av de utfordringene de møtte. Han ledet sine følgesvenner med mot og besluttsomhet, pressende stadig videre mot målet sitt.

Da de reiste dypere inn i villmarken, snublet de over en skjult hule gjemt i hjertet av en ruvende isbre. Det var et tilfluktssted fra den bitende kulden og den hylende vinden utenfor, en oase midt i det frosne ødemarken.

Men da de gikk inn i hulen, oppdaget de at de ikke var alene. Gjemt i skyggene var en ensom ulv, pelsen matt og øynene som glitret av sult.

Eriks følgesvenner oppfordret ham til å snu, å flykte fra skapningen som lurte i mørket. Men Erik så noe i ulvens øyne, et glimt av intelligens og nysgjerrighet som talte til ham på et nivå han ikke kunne forklare.

Og så, med en stødig hånd og en mild stemme, nærmet Erik seg ulven, og tilbød den mat og varme i bytte mot tillit. Til hans overraskelse aksepterte ulven tilbudet hans, dens vaktsomme blikk myknet mens den tillot Erik å nærme seg.

Fra det øyeblikket ble ulven deres trofaste følgesvenn, og ledet dem gjennom den frosne villmarken med en følelse av formål og besluttsomhet. Med ulven ved deres side, møtte de utfordringene i Arktis med fornyet mot og besluttsomhet, vel vitende om at sammen var de sterkere enn de kunne være alene.

Men mens de reiste dypere inn i villmarken, oppdaget de snart at deres største utfordring lå foran dem. For skjult dypt inne i hjertet av Polarsirkelen var en hemmelighet som kunne forandre livene deres for alltid.

Da de nærmet seg destinasjonen, snublet de over en skjult dal gjemt mellom fjellene, dens skjønnhet pusten i sin enkelhet. Men mens de undret seg over synet foran dem, fant de seg plutselig omringet av en gruppe ville krigere, deres ansikter skjult av masker av is og snø.

Med våpen trukket og øyne flammende av raseri, rykket krigerne nærmere dem, deres hensikt klar. De var dalens voktere, sverget til å beskytte dens hemmeligheter fra inntrengere for enhver pris.

Men Erik nektet å gi seg, hans hjerte fylt av en urokkelig besluttsomhet om å avdekke sannheten som lå gjemt innenfor dalens iskalde favn. Med ulven ved sin side og hans følgesvenner i ryggen, møtte han krigerne direkte, hans mot urokkelig i møte med fare.

Og så, akkurat da det virket som om all håp var ute, avslørte den iskledde dalen sin største hemmelighet av alle. For skjult under den frosne jorden lå en skatt utenfor deres villeste drømmer, en oppdagelse som skulle forandre livene deres for alltid.

Med skatten i hånden og deres ånder svevende med triumf, tok Erik og hans følgesvenner farvel med den iskalde villmarken i nordlige Norge, hjertene deres fylt med minner om eventyret de hadde delt og båndet som hadde blitt smidd i motgangens ild.

The Icebound Adventure

In the icy wilderness of northern Norway, where the mountains pierced the sky and the fjords stretched like frozen rivers, a group of adventurers set out on an expedition unlike any other. Among them was a young man named Erik, with a heart as brave as a lion and eyes that gleamed with determination.

Their mission was to traverse the treacherous terrain of the Arctic Circle, to explore the untouched beauty of the land and to uncover its hidden secrets. But little did they know, their journey would soon become a test of survival against the unforgiving forces of nature.

As they made their way through the frozen landscape, the air biting cold and the snow crunching beneath their boots, Erik and his companions faced one challenge after another. They battled fierce blizzards that threatened to engulf them in their icy embrace, and navigated treacherous crevasses that yawned like hungry beasts in the frozen earth. But through it all, Erik remained undeterred, his spirit unbroken by the hardships they faced. He led his companions with courage and determination, pushing ever onward towards their goal.

As they journeyed deeper into the wilderness, they stumbled upon a hidden cave nestled in the heart of a towering glacier. It was a refuge from the biting cold and howling winds outside, a sanctuary in the midst of the frozen wasteland.

But as they entered the cave, they discovered that they were not alone. Nestled in the shadows was a lone wolf, its fur matted and its eyes gleaming with hunger.

Erik's companions urged him to turn back, to flee from the creature that lurked in the darkness. But Erik saw something in the wolf's eyes, a glimmer of intelligence and curiosity that spoke to him on a level he couldn't explain.

And so, with a steady hand and a gentle voice, Erik approached the wolf, offering it food and warmth in exchange for its trust. To his surprise, the wolf accepted his offer, its wary gaze softening as it allowed Erik to approach.

From that moment on, the wolf became their faithful companion, leading them through the frozen wilderness with a sense of purpose and determination. With the wolf by their side, they faced the challenges of the Arctic with renewed courage and determination, knowing that together, they were stronger than they could ever be alone.

But as they journeyed deeper into the wilderness, they soon discovered that their greatest challenge lay ahead. For hidden deep within the heart of the Arctic Circle was a secret that could change the course of their lives forever.

As they approached their destination, they stumbled upon a hidden valley nestled between the mountains, its beauty breathtaking in its starkness. But as they marveled at the sight before them, they suddenly found themselves surrounded by a group of fierce warriors, their faces obscured by masks of ice and snow.

With weapons drawn and eyes blazing with fury, the warriors advanced upon them, their intent clear. They were the guardians of the valley, sworn to protect its secrets from intruders at any cost.

But Erik refused to back down, his heart filled with a fierce determination to uncover the truth that lay hidden within the valley's icy embrace. With the wolf by his side and his companions at his back, he faced the warriors head-on, his courage unyielding in the face of danger.

And then, just when it seemed that all hope was lost, the icebound valley revealed its greatest secret of all. For hidden beneath the frozen earth lay a treasure beyond their wildest dreams, a discovery that would change their lives forever.

With the treasure in hand and their spirits soaring with triumph, Erik and his companions bid farewell to the icy wilderness of northern

Norway, their hearts filled with memories of the adventure they had shared and the bond that had been forged in the fires of adversity.

53

Midnattssol

I de nordligste delene av Norge, der landet møter havet og himmelen strekker seg endeløst over, ligger en liten fiske landsby gjemt blant fjordene. Her, der midnattssolen kaster sin gyldne glød over det robuste landskapet, utspiller det seg en historie om kjærlighet og tap.

I sentrum av landsbyen sto et fyrtårn, dets fyr veiledet skip trygt gjennom de farlige farvannene som omga kysten. Det var her en ung kvinne ved navn Anna gjorde sitt hjem, med omsorg og hengivenhet for fyrtårnet.

Anna var et vesen av havet, med hår så mørkt som midnattshimmelen og øyne som skinte som bølgene på en månelys natt. Hun hadde vokst opp ved havet, hennes barndom fylt med minner om lange sommerdager brukt til å utforske de steinete strendene og stormfulle netter samlet ved peisen, lyttende til ville fortellinger fra sjøfolk og fiskere.

Men til tross for skjønnheten rundt seg bar Anna på en sorg i hjertet. For hun hadde elsket og mistet, hennes hjerte knust av en kjærlighet som hadde glidd gjennom fingrene som sand.

Hans navn var Henrik, en sjømann som hadde fanget Annas hjerte med latteren og hans villhet. De hadde delt stjålne øyeblikk under midnattssolen, deres kjærlighet brent lys som nordlyset som danset på himmelen.

Men Henriks liv tilhørte havet, og han hadde seilt bort fra Annas side, og etterlatt henne alene i mørket av de lange vinternettene.

Nå, mens midnattssolen badet landskapet i sitt gyldne lys, sto Anna ved fyrtårnet, hennes hjerte tungt med minner om den kjærligheten hun hadde mistet.

Men selv i sin sorg fant Anna trøst i skjønnheten rundt seg. Hun så på som solen dypet seg under horisonten, male himmelen med nyanser av rosa og gull, og følte en følelse av fred skylle over henne som en mild bris om sommeren.

Som dagene ble til uker, fant Anna seg selv trukket til havet, dets sirenesang som ropte til henne med en stemme som ekko i sjelen hennes. Hun ville vandre langs stranden i timevis, føttene hennes synke ned i den myke sanden mens hun lyttet til de rytmiske bølgene som krasjet mot klippene.

En kveld, mens Anna gikk langs stranden, oppdaget hun en skikkelse som stod ved vannkanten, silhuettert mot den avtagende lyset av den nedgående solen. Det var en mann, høy og sterk, med hår så gyllent som solen selv.

Annas hjerte hoppet et slag over da hun gjenkjente den kjente skikkelsen. Det var Henrik, vendt tilbake til henne etter så mange måneder fra hverandre.

Med tårer strømmende nedover kinnene, løp Anna mot ham, armene hennes utstrakt i en gest av lengsel og kjærlighet. Henrik møtte henne halvveis, øynene hans skinte av følelser mens han samlet henne i armene sine og holdt henne fast.

"Jeg har kommet tilbake til deg, min kjære," hvisket Henrik, hans stemme som musikk til Annas ører. "Jeg kunne ikke bære å være fra deg lenger."

Og så, under midnattssolen, ble Anna og Henrik gjenforent, deres kjærlighet brent lysere enn noen gang tidligere. De gikk hånd i hånd langs stranden, latteren deres blandet med lyden av bølgene mens de delte historier om tiden de hadde tilbrakt fra hverandre.

Mens de så solen dyppe seg under horisonten, kaste en gylden glød over havet, følte Anna en følelse av takknemlighet skylle over henne som en mild tidevann. For selv i de mørkeste tider visste hun at kjærligheten alltid ville finne en måte å lyse veien hennes og veilede henne gjennom stormen.

Og mens hun sto med Henrik ved sin side, så på som midnattssolen malte himmelen med sine strålende farger, visste Anna at hun endelig hadde funnet sitt hjem, hennes hjerte i fred under den endeløse ekspanse av den norske himmelen.

Midnight Sun

In the northernmost reaches of Norway, where the land meets the sea and the sky stretches endlessly above, there lies a small fishing village nestled among the fjords. Here, where the midnight sun casts its golden glow upon the rugged landscape, a tale of love and loss unfolds.

At the heart of the village stood a lighthouse, its beacon guiding ships safely through the treacherous waters that surrounded the coast. It was here that a young woman named Anna made her home, tending to the lighthouse with care and dedication.

Anna was a creature of the sea, with hair as dark as the midnight sky and eyes that shimmered like the waves on a moonlit night. She had grown up by the sea, her childhood filled with memories of long summer days spent exploring the rocky shores and stormy nights huddled by the fireside, listening to the wild tales of sailors and fishermen.

But despite the beauty of her surroundings, Anna carried a sadness within her heart. For she had loved and lost, her heart broken by a love that had slipped through her fingers like sand.

His name was Henrik, a sailor who had captured Anna's heart with his laughter and his wild spirit. They had shared stolen moments beneath the midnight sun, their love burning bright like the northern lights that danced in the sky above.

But Henrik's life belonged to the sea, and he had sailed away from Anna's side, leaving her alone in the darkness of the long winter nights.

Now, as the midnight sun bathed the landscape in its golden light, Anna stood by the lighthouse, her heart heavy with memories of the love she had lost.

But even in her sadness, Anna found solace in the beauty of the world around her. She watched as the sun dipped below the horizon, painting the sky with hues of pink and gold, and felt a sense of peace wash over her like the gentle caress of a summer breeze.

As the days turned into weeks, Anna found herself drawn to the sea, its siren song calling out to her with a voice that echoed in her soul. She would wander along the shore for hours, her feet sinking into the soft sand as she listened to the rhythmic crash of the waves against the cliffs.

One evening, as Anna walked along the beach, she spotted a figure standing at the water's edge, silhouetted against the fading light of the setting sun. It was a man, tall and strong, with hair as golden as the sun itself.

Anna's heart skipped a beat as she recognized the familiar figure. It was Henrik, returned to her after so many months apart.

With tears streaming down her cheeks, Anna ran towards him, her arms outstretched in a gesture of longing and love. Henrik met her halfway, his eyes shining with emotion as he gathered her into his arms and held her tight.

"I have returned to you, my love," Henrik whispered, his voice like music to Anna's ears. "I could not bear to be apart from you any longer."

And so, beneath the midnight sun, Anna and Henrik were reunited, their love burning brighter than ever before. They walked hand in hand along the shore, their laughter mingling with the sound of the waves as they shared stories of their time apart.

As they watched the sun dip below the horizon, casting a golden glow across the sea, Anna felt a sense of gratitude wash over her like a gentle tide. For even in the darkest of times, she knew that love would always find a way to light her path and guide her through the storm.

And as she stood with Henrik by her side, watching as the midnight sun painted the sky with its radiant colors, Anna knew that she had finally found her home, her heart at peace beneath the endless expanse of the Norwegian sky.